FACULTÉ DE DROIT DE RENNES

THÈSE

POUR

LA LICENCE

Villiers (E. F. M.)

RENNES

IMPRIMERIE DE CH. CATEL ET Cⁱᵉ.

rue du Champ-Jacquet, 23.

UNIVERSITÉ DE FRANCE. — ACADÉMIE DE RENNES.

FACULTÉ DE DROIT.

THÈSE POUR LA LICENCE.

JUS ROMANUM

De pactis dotalibus. (Dig., lib. XXIII.)

DROIT FRANÇAIS

Des conventions exclusives de communauté en général, et particulièrement du régime sans communauté et de la séparation de biens (Code Civil, art. 1529 à 1539).

Cette thèse sera soutenue le jeudi **13** août **1874**, à deux heures du soir,

Par M. **VILLIERS** (Émile-François-Marie),

Né à Brest, le **31 juillet 1851.**

Examinateurs,

MM. GAVOUYÈRE, DE CAQUERAY, professeurs; GUÉRARD, GARNIER, agrégés, chargés de cours.

RENNES

IMPRIMERIE DE CHARLES CATEL ET Cie,
rue du Champ-Jacquet, 25.

1874

MEIS ET AMICIS.

JUS ROMANUM

DE PACTIS DOTALIBUS.

(Dig., lib. XXIII).

PROŒMIUM.

Dos est quidquid uxor vel quivis alius affert marito ad onera matrimonii sustinenda. Ante vel post matrimonium constitui potest, ex Ulpiano, sive *datione*, sive *dictione*, sive *promissione*. In datione, maritus rerum dotalium fit dominus; in dictione vel promissione fit creditor. Dotem dicere possunt mulier quæ nuptura est, et, si jussu ejus dicat, debitor, et mulieris pater vel avus paternus. Omnes dotem dare, promittere possunt. Postea, quum constituerunt imperatores ut ex nuda promissione dotis causa civilis nasceretur sine ullis solemnibus verbis, dictio dotis paulisper adhideri desiit, atque in jure Justinianeo nomen quod solum subsistebat, delevit Tribonianus. Dos a mulieris patre vel ab avo paterno data profectitia dicitur, a quovis alio adventitia. Si is qui dotem dedit stipulatus est ut sibi redderetur, receptitia vocatur. Soluto matrimonio dos a marito est restituenda, si dos profectitia sit aut receptitia. Adventitia autem dos semper penes maritum remanet. Maritus tamen dotem restituere debet quum matrimonium divortio aut morte mariti solvitur. Mulier, si sui juris sit, ipsa actionem ad dotis repetitionem habet; si in patria potestate sit, pater, adjuncta filiæ persona, rei uxoriæ actionem habet, dummodo dos sit profectitia.

Hic generaliter dictis, nunc ad pacta dotalia transeamus.

Pactum dotale de quo loquendum est, duorum pluriumve circa dotem consensus est. De pactis dotalibus nobis vivendum est, quando, quid de dote pacisci liceat, inter quas personas pacta dotalia ineunda sint : postea de forma pactorum dotalium et de eorum interprétatione regulas quæremus, et denique de quibusdam singularibus pactis dotalibus loquemur.

CAPUT PRIMUM.

QUANDO, QUID DE DOTE PACISCI LICET.

Non solum ante nuptias, sed etiam post nuptias pacisci licet, etiamsi, nihil ante convenerit. Non omnia autem circa dotem pacta legibus romanis permittuntur. Alia enim ad voluntatem spectant, alia vero ad jus, in quibus contrahentium voluntas non semper servatur.

De pactis quæ cujusque voluntati relinquuntur, nulla difficultas, nam in illis, quisque, prout libet, pacisci potest, veluti ut mulier dote promissa se alat, et donec nupta sit dos ab ea non petatur, aut certam summam viro præstet ab eo alatur, et his similia.

Amplius autem de pactis quæ ad jus pertinent nobis disserendum est. Pacta circa dotem reprobata sunt ea per quæ mulier fieret indotata aut minus dotata, aut quæ uxoris conditionem deteriorem redderent, aut naturam dotis subverterent, aut illa per quæ fraus legibus moribusque fieret.

§ 1. — *De pactis per quæ mulier indotata aut minus dotàta fieret.*

Nulla esset, ut diximus, conventio per quam mulier indotata fieret, nam ait Paulus : « *Reipublicæ interest, mulieres dotes salvas habere*, propter quas nubere possint. » Ita sit convenerit ut, — *Ulpian.*, lib. XIX, *ad sab.*, — quoquo modo dissolutum sit matrimonium, liberis intervenientibus, dos apud virum remaneret, Papinianus Juniano prætori respondit : Morte mariti finito matrimonio, neque convenisse videri dotem remanere, et si convenisset, non esse conservandum pactum contra dotem, cum mariti mors intervenit. Non potest igitur effici per pactum ut, soluto superstite muliere matrimonio, dos ei non reddatur. Verum si convenit ut, in matrimonio uxore defuncta, dos profectitia penes maritum remaneret; profectitiæ dotis repetitionem hujus modi pactum inhibuisse explorati juris est; quum deteriorem causam dotis in quem casum soli patri repetitio competit, pacto posse fieri auctoritate juris sæpissime responsum est. In adventitia dote tale pactum jure Pandectarum supervacuum esset, quum jure communi vir talem dotem lucretur.

Imo autem cætera pacta quæ ad dotem minuendam tenderent, repro-
bantur. Sic paterfamilias uxoris non potest pacisci ut post mortem generis
pars dotis retinenda esset nomine communium liberorum.

§ 2. — *De pactis quæ mulieris conditionem redderent deteriorem.*

Deterior conditio mulieris circa dotem per pactum fieri non potest; hinc
de die reddendæ dotis hoc juris est ut liceat pacisci qua die reddatur;
dumne mulieris deterior conditio fiat; quamobrem, ut citeriore die resti-
tuatur, merito convenerit; ut autem longiore die solvatur dos, conveniri
non potest, non magis quam ne omnino reddatur.

Hanc sententiam docet Proculus in specie sequenti : quum inter virum
et uxorem pactum conventum sit ante nuptias ut quibus diebus dos data
esset, iisdem, divortio facto redderetur; id est ut quanto serius quæque et
post nuptias data fuerit, tanto post divortium restitueretur; si propiore
quam in reddenda dote constitutum est, data sit, valet pactum; si longiore,
non valet.

Observandum etiam est quod licet, manente matrimonio, non possit
inter virum et uxorem convenire ut longiore die dos reddatur; post
divortium tamen si justa causa conventionis fuerit, puta, ut ait Cujacius
custodiri, propter sublevandas res adversas mariti, id pactum custodiri
debet. Quum pacto deterior mulieris conditio circa dotem fieri non possit,
constat, vanam esse conventionem propter quam maritus dolum solum-
modo in dotem præstat, quamvis pacisci possit ne sit periculo ejus nomen
debitoris. Ex his quæ supra diximus, facile a nobis videri potest, ut
constante matrimonio, dos permutari possit, quum hoc mulieri prodest, si
ex pecunia in rem aut ex re in pecuniam. Ergo pacisci poterunt vir et
uxor fundum qui æstimatus in dotem datus fuerat, esse inæstimatum.

§ 3. — *De pactis quæ naturam dotis subverterent.*

Sunt etiam reprobata pacta quæ naturam dotis subverterent.

Itaque pacto conveniri non potest ne ob impensas necessarias agatur,
quia tales impensæ dotem ipse jure minuunt.

Hinc quæritur si convenerit ut fructus in dotem convertantur, an valeat
conventio? Marcellus ait, libro octavo Digestorum conventionem non
valere, prope enim indotatam mulierem hoc pacto fieri. Sed ita distinguit

Marcellus, ut si quidem fundum in dotem dederit mulier, ita ut maritus fructus redderet, non esse ratum pactum. Quod si convenisset ut in dote essent fructus, quosquos percepisset, et fundus in hoc traditus esset, non ut fundus fieret dotalis, sed ut fructus perciperet dotis, futuros cogendum esse maritum rei uxoriæ actione fructus reddere. Erunt igitur in dote fructus et maritus fruetur usuris, quæ ex fructibus collectis et in sortem redactis percipi possunt. Aliam sententiam merito sequitur Ulpianus : Voluntatem contrahentium videret oportet, et dum non videtur sterilis esse dos, pactum valet. Si inter virum et uxorem convenit ut extremi anni matrimonii fructus nondum percepti mulieris lucro fiant, hujusmodi pactum valet.

Quod attinet ad fructus qui ante nuptias percipiuntur, quum et citra pactum viri lucro non cedant, sed dotem augeant, absque dubio valet pactum ut vir eos non habeat. Hujusque pacti hæc vis est ut minor dos constituatur, quam constitueretur si eos haberet. Similiter vana est conventio propter quam mulier ante dissolutum matrimonium dotem repeteret, propter quam maritus restitueret. Hæc duo principia habent exceptiones. Primo unica est exceptio : constante matrimonio, mulier dotem petere potest quum maritus in tanta penuria est ut manifeste videatur mariti facultates ad dotis exactionem non sufficere. Secundo multæ sunt exceptiones ; dotem vir restituere potest ut mulier æs alienum solvat, ut propinquos sustineat, ut se suosque alat.

§ 4. — *De pactis quæ leges moresve læderent.*

Illa adhuc conventionum species circa dotem jure reprobatur. Illud conveniri non potest ne de moribus agatur, vel plus, vel minus exigatur : publica coercitio privata pactione tolli non debet. Pacisci etiam nequit ne maritus propter res donatas aut amotas ageretur. Obstat enim jus civile, quia altero pacto ad furandum mulieres incitantur, altero, jus civile impugnatur, quo donationes inter virum et uxorem prohibentur. Hoc contra licet post divortium.

CAPUT SECUNDUM.

INTER QUAS PERSONAS PACTA DOTALIA INEUNDA SUNT.

Pacta quæ de reddenda dote fiunt inter omnes fieri oportet qui dotem repetere possunt et a quibus repeti potest ; erga eum qui non interfuit, est inutile pactum; res enim inter alios acta aliis neque nocet neque prodest. Idcirco ante matrimonium sine filiæ præsentia constituere dotem patri licet, aut quocumque modo conditionem dotis mutare. Quum autem nuptiæ celebratæ sunt, filia non interveniente, pacta nova dotalia effici non possunt, nam mulieris est dos, quæ, ea invita, nullam mutationem subire debet. Item, si ab extraneo bona constituuntur. Eadem ratio, idem jus. Pactum vero valebit quum nullo modo uxori nocebit. Quasi, si pater post nuptias fuisset stipulatus ut dos ad se reverteretur, et postea filia sine liberis decesserit, non certe erit impedendum quominus pater ex stipulatu agat : si autem superest filia, exceptione patrem repellit. Sed pactum filiæ patri prodesse potest; nam filiæ nomine adquirere patri licet. Denique utilis est pactio filii vel filiæfamilias quoties pater est furiosus aut in captivitate manet.

CAPUT TERTIUM.

DE FORMA ET DE INTERPRETATIONE PACTORUM DOTALIUM.

Dotalia pacta vel expresse, vel tacite iniri possunt. Ad pactorum dotalium perfectionem scriptura non opus est, si modo aliunde illa probationem habeant. Licet autem scriptura non opus fuerit, tamen ad solemnitatem ac firmitatem pactorum dotalium insinuationem apud acta jus civile requisivit, quoties dotes et propter nuptias donationes quingentorum solidorum quantitatem transcendunt.

Circa formam pactorum dotalium hac in re differt pater qui dotem constituit ab extraneo, quod quum extraneus in constituenda dote aliquid sibi paciscitur, necesse non est pactum in stipulationem deduci; secus quum pater mulieris dotem præstat et sibi aliquid prospicit.

Ante Justinianum nudis pactis nulla tribuebatur actio, sed hic imperator omnibus pactis legitimis, inter quæ sunt pacta dotalia actionem dedit.

Sicut in cæteris pactis, in pacto dotali quisque de se non de altero promittere et quisque sibi non alteri pacisci debet. Quamvis qui dotem constituit, non possit aliquid circa eam utiliter alteri pacisci, tamen favorabiliter receptum est ut si ipsi mulieri id pacisceretur, sustineretur pactum et utilem mulier haberet actionem. Observandum est quod, licet is qui dotem constituit, non possit quid circa eam alteri pacisci aut stipulari, potest tamen adhibere eum cui vult dotem reddi, ut ipse stipuletur.

Mulier quæ aliquem adhibuit ut stipularetur dotem in casum quo ipsa in matrimonio morietur, potest suam voluntatem mutare et maritum suum liberare, non solum si hunc stipulatorem adhibuit, duntaxat ut mandatarium, sed et si animo ei mortis causa donandi eum adhibuit.

Non videtur autem mulier mutasse voluntatem circa eum, quem ad stipulandum dotem adhibuit, ex eo solo quod res dotales legaverit, vel servis dotalibus libertatem reliquerit.

Quod attinet ad pactorum dotalium interpretationem præsertim hoc notandum est, ut in ambiguis casibus pro dotibus respondere melius est, dotibus enim favent leges. Hinc si convenerit ne a muliere neve a patre dos petatur hæres non habebit exceptionem, quamvis non expressum fuerit ne a muliere sola, vel ne a patre solo vir dotem sibi promissam petere potest; tamen favore dotis interpretamur pactum esse personale, nec ad hæredem transire.

Item, quum pater pollicitus fuerit dotem quam, quamdiu viveret neve constante matrimonio, vir petere non posset, interpretandum est pactum quasi parens quamdiu viveret bona dotalia sibi servandi animum habuisset.

In pactis quæ circa dotem fiunt, hæc quoque servanda est regula : quæ in unum casum concepta sunt, ad alios casus trahi non debent, nec ad alias nuptias. Inde manifestum est casum mortis mulieris, ad casum divortii trahi non posse ac invicem. Sic quoque pacta quæ ad divortii casum interposita fuere, non facto divortio locum non habent, id est mortis naturalis casum non regunt et vice versa.

Si convenerit ut quoquo modo dissolutum sit matrimonium, liberis intervenientibus, apud virum remaneret dos, Papinianus dicit hanc conventionem morte mariti finiti matrimonii in casum non esse conferendam.

CAPUT QUARTUM.

DE QUIBUSDAM DOTALIUM PACTORUM SPECIEBUS.

Nunc de quibusdam dotalibus pactis, quæ supra locum non invenere, nobis disserendum est.

§ 1. — De pactis circa fundum æstimatum.

Si fundo æstimato in dotem dato pacta sit mulier, ut, quanto pluris vænierit, id in dote sit, illa conventio servanda est, quum et ex contrario conveniri possit, ut si minoris vænierit, ipsa debeat.

Si pacta sit mulier ut sive pluris sive minoris fundus æstimatus vænierit, pretium, quanto res vænierit, in dote sit, eo pacto stari oportet, sed si culpa mariti minoris vænierit et idipsum consequi mulierem.

Item, si non vænierit, æstimatio præstari debebit.

§ 2. — *De pactis reddendæ dotis.*

Cum dos adventitia est, jure communi vir soluto matrimonio morte mulieris eam lucratur, et quamobrem interdum paciscitur mulier, dotem soluto matrimonio sibi reddi. Cujus conventionis effectus est, ut ea in matrimonio defuncta hæredibus mulieris dos restituenda sit. Jure Justinianeo, quo jam dos lucro viri non cedit, hoc pactum est supervacuum.

Interdum etiam qui pro muliere dotem dedit de ea sibi restituenda stipulatur, quo casu ipsi stipulatori non mulieri reddi debet.

§ 3. — *De pactis lucrandæ dotis.*

Vulgare est pactum quo vir paciscitur ut soluto morte mulieris matrimonio, dotem aut partem dotis retineat; quæ alioquin, quum profectitia est, patri est restituenda.

Hoc pactum solet fieri in casum quo liberi ex matrimonio nati fuerint; hæc tamen conditio non suppletur : hinc si pater dotem dederit et pactus sit ut mortua in matrimonio filia, dos apud virum remaneret, pactum servandum est etiamsi liberi non interveniant.

DROIT FRANÇAIS

CODE CIVIL.

Des conventions exclusives de communauté en général, et particulièrement du régime sans communauté et de la séparation de biens.

(Code Civil, art. 1529 à 1539.)

INTRODUCTION.

Le mariage, qui forme les familles, a trouvé chez tous les peuples, mais surtout dans les sociétés modernes, encouragement et faveur.

Le contrat de mariage, qui s'ajoute au mariage pour présider à l'économie domestique et faire fleurir l'association, a toujours été également l'objet d'une sollicitude toute particulière de la part des législateurs : « Pour qu'une république soit bien constituée, disait Platon, les premières lois doivent être celles du mariage. »

Les législateurs modernes ne sont pas restés au-dessous des philosophes anciens dans leur prédilection pour le mariage; aussi, en tête de son œuvre, sachant que le meilleur moyen de rendre les unions conjugales fréquentes c'est de laisser une grande liberté aux époux dans la fixation de leurs intérêts pécuniaires, le législateur a-t-il inscrit la liberté des pactes matrimoniaux.

Ce fut pour respecter cette loi et se prêter à la volonté des parties qu'il autorisa le régime exclusif de communauté; c'était le dernier degré du

relâchement de la société des biens entre époux, après les clauses modifi-
catives de la communauté légale ; il suffit que tel soit le vœu des deux
futurs époux pour que la loi vienne s'y conformier. Ils pourront donc jouir
d'une entière liberté dans la fixation de leurs intérêts pécuniaires, mais
sous la garantie de la loi de la société elle-même, car nous trouvons ici
une limite : Faites à votre gré vos conventions, dit le législateur aux
époux, mais que les bonnes mœurs ne soient pas atteintes (art. 1337) ;
que la puissance maritale sur la femme et les enfants ne soit pas violée
(art. 1388). Ainsi, la loi fait présider aux pactes matrimoniaux ce grand
principe de la morale sociale : Rien ne doit entraver la liberté tant qu'elle
s'exercera dans son domaine, tant qu'elle ne lèsera pas les droits que
notre constitution confère à autrui.

Toutefois, les législateurs n'ont pas oublié que leur mission était de
guider la société ; aussi, pour fixer les doutes, les incertitudes des conjoints, ont-ils édicté un certain nombre de dispositions que les futurs
peuvent adopter comme base de leur régime matrimonial.

Au moment où les rédacteurs du Code préparaient les règles qui de-
vaient servir de base aux conventions matrimoniales, deux régimes domi-
naient en France : le régime dotal, le régime de la communauté.

Le régime dotal, œuvre de défiance contre le mari, mesure contraire à
l'intérêt général, à l'essence même du mariage, puisqu'il immobilise les
biens en les rendant inaliénables, puisqu'il paralyse le crédit du mari et,
par suite, le crédit public, était suivi et l'est encore aujourd'hui dans la
partie méridionale de la France, et comptait surtout comme un de ses plus
vaillants défenseurs l'ancienne province de Normandie. Cette province, par
aversion pour le régime de communauté, alla même jusqu'à l'interdire à
ses habitants, et c'est seulement depuis ces derniers siècles qu'elle en
toléra l'usage. Le régime de communauté, qui permettait aux époux de
confondre leurs biens et leurs intérêts comme ils confondaient leurs personnes et leurs affections, était adopté par les pays du droit coutumier.

Après un mûr examen, le régime de communauté fut adopté comme régime légal, et il ne fut rien dit du régime dotal. Mais les rédacteurs du
Code avaient compté sans les provinces du Midi, et surtout sans la Normandie ; aussi ces pays demandèrent-ils que le régime dotal fût le régime
de tous ceux qui n'avaient pas fait de contrat de mariage. La Cour de
Toulouse, et surtout celle de Montpellier, récriminèrent contre le régime
de la communauté. Force fut donc au législateur d'organiser le régime do-

tal. Toutefois, ne dissimulant pas ses préférences pour le régime de la communauté, il déclara qu'il régirait tous ceux qui n'auraient pas fait de contrat de mariage. Disposition fort juste et pleine d'équité, car le régime de communauté, qui laisse peut-être un jeu trop libre aux fantaisies du mari, n'immobilise pas au moins, comme le régime dotal, la fortune de la femme, et n'enlève pas, par suite, à la prospérité du ménage sa meilleure garantie, l'espérance d'un avenir égal.

A côté de ces deux régimes, les rédacteurs du Code en ont placé deux autres : le régime sans communauté et le régime de séparation de biens.

Le principe fondamental de ces conventions, principe qui les distingue du régime de la communauté, c'est que toutes les deux sont essentiellement exclusives de l'idée de communauté. On pourrait se demander comment il se fait que ces régimes soient présentés dans le Code comme des annexes de la communauté légale, puisqu'en réalité ils excluent la communauté. Ce défaut de méthode s'explique par l'histoire. Ces deux régimes exclusifs ont été empruntés aux pays du droit coutumier; or, comme nos anciens auteurs Pothier et Le Brun en faisaient une annexe de leurs Traités sur la communauté, les rédacteurs du Code qui les copiaient ont suivi cette marche sans s'apercevoir qu'ils traitaient, sous la même rubrique, de conventions parfaitement différentes.

Nous n'avons à parler ici que des régimes sans communauté et de séparation de biens; avant d'entrer dans leur examen respectif, indiquons les points qui les séparent.

Ainsi que le dit Toullier, les deux formules qu'emploie la loi semblent avoir la même signification et être parfaitement synonymes : Pour toute personne qui n'est pas initiée aux mystères de la science du droit, n'être pas communs en biens ou être séparés de biens ont le même sens et le même effet : celui d'exclure la communauté. Cependant, ces deux régimes sont parfaitement distincts : la clause que font les époux de se marier sans communauté ne donne point à la femme le droit d'administrer ses biens ni d'en percevoir les revenus. En adoptant la séparation de biens contractuelle, au contraire, il n'en est plus de même : la femme conserve ici son droit d'administration et de jouissance, et, comme l'a dit Marcadé, ce régime offre le singulier spectacle de deux personnes qui, confondant et mettant en commun leur existence entière et leurs individus même, restent étrangères l'une à l'autre pour leur fortune; en sorte que, livrant aux éventualités d'une association intime jusqu'à leurs corps et leurs âmes, elles n'y risqueront pas leurs écus, dont elles ont, ce semble, plus d'estime et de souci que d'elles-mêmes.

Le caractère de ce régime est, comme on le voit, de ne point changer les conditions pécuniaires des époux; il convient donc surtout aux grandes fortunes, en permettant à chaque conjoint de garder la propriété de son patrimoine.

PREMIÈRE PARTIE.

Du régime sans Communauté.

Le nom même sous lequel est désigné ce régime fait voir quel est son caractère distinctif. On n'y rencontre pas de patrimoine commun; il ne s'établit entre les époux aucune société de biens; leurs dettes restent séparées, et les acquisitions que l'un d'eux fait pendant le mariage, à un titre quelconque, lui demeurent propres, sans que l'autre y puisse réclamer aucune part. Le mari reste donc plein propriétaire de ses biens, seulement ils sont grevés d'une hypothèque légale au profit de la femme créancière. Quant à celle-ci, elle reste aussi propriétaire exclusive de son patrimoine; toutefois, le mari acquiert sur lui deux droits importants : les droits d'administration et de jouissance.

Le régime sans communauté ne peut, comme toutes les autres conventions matrimoniales, être valablement stipulé que dans un acte notarié rédigé en minute. Mais quand se présentera-t-il, quand y aura-t-il lieu d'appliquer les art. 1530 et suivants du Code Civil? Quand les époux l'auront expressément déclaré, dira-t-on. Mais quel régime adopter quand les conjoints auront dit qu'ils excluent la communauté? S'il faut en croire une opinion émise par M. Taulier, les époux qui déclareront simplement exclure la communauté devront être soumis à la communauté légale, parce que, dit cet auteur, la séparation de biens excluant la communauté, il y a doute sur la véritable intention des parties, et dès lors elles doivent être considérées comme n'ayant pas fait de contrat et être soumises au droit commun, c'est-à-dire à la communauté légale.

Voilà, on doit l'avouer, une interprétation assez singulière de la volonté des parties. Comment, les époux ont déclaré ne pas vouloir de la communauté, et c'est justement ce régime que vous leur imposez! Ce système n'est pas soutenable; laissons-le de côté. Notre loi, en effet, ne veut pas imposer des termes sacramentels, elle veut respecter l'intention des parties. Si quelque doute peut s'élever, c'est tout au plus sur le point de savoir lequel des trois régimes exclusifs de communauté les époux ont adopté. La séparation de biens et le régime dotal ne sont certainement pas applicables dans le cas présent, car pour y être soumis il faut une déclaration expresse, déclaration qui n'est point exigée pour le régime sans communauté. De plus, le régime sans communauté fortifie l'autorité maritale, le régime de séparation de biens l'affaiblit; l'un consacre l'état de dépendance de la femme, l'autre tend à l'en affranchir. N'est-il pas dès lors conforme à la nature du mariage, au droit commun, à l'ordre naturel des choses, de soumettre les époux au premier de ces régimes?

Disons donc que si les conjoints déclarent exclure la communauté ou emploient toute autre phrase équivalente, sans stipuler expressément la séparation de biens, leur convention produit le régime dit sans communauté.

Le Code ne consacre qu'un très-petit nombre d'articles à ce régime, il ne fait que poser quelques règles. C'est à peine si l'on trouve six articles pour indiquer les rapports des époux mariés sous cette convention; aussi nous faudra-t-il chercher à côté d'elle certaines règles qui lui seront applicables. Ces règles, où les trouverons-nous? Dans le régime dotal, ou dans celui de la communauté? L'intérêt de la question, on le comprend sans peine, est immense. Pour ne citer que quelques exemples, le mari pourra exercer les actions pétitoires immobilières de la femme, si l'on donne la préférence au premier de ces régimes; il ne le pourra pas si l'on opte pour le second. Dans le premier cas, les fruits naturels produits par les immeubles dotaux s'acquerront jour par jour, tandis que dans le second ils s'acquerront par la perception. Enfin, les règles établies par l'art. 1565, qui autorise, dans certains cas, le mari à ne restituer les biens de la femme qu'un an après la dissolution du mariage, et par l'art. 1570, qui donne à la veuve le droit d'habitation pendant l'année de deuil, recevront ou ne recevront pas leur application suivant que le régime sans communauté devra trouver son complément dans l'un ou l'autre des régimes précités.

MM. Rodière et Pont n'hésitent pas à déclarer qu'au cas de silence des art. 1530 à 1535, c'est dans les art. 1540 et suivants qu'il faut chercher la solution. C'est donc, suivant ces auteurs, aux règles du régime dotal qu'il faut s'attacher. A part, en effet, l'inaliénabilité des biens, les règles du régime simplement exclusif de communauté sont absolument les mêmes que celles du régime dotal. Ne voit-on pas, en effet, dans les deux cas la femme mariée sans communauté apporter au mari le fruit de ses biens pour soutenir les charges du mariage? Est-ce que dans les deux cas le mari n'a pas l'administration des biens meubles et immeubles de la femme, et, par suite, le droit de percevoir tout le mobilier dont il doit jouir? Est-ce que dans les deux cas le mari n'est pas tenu de toutes les charges de l'usufruit?

Cette identité existe, il est vrai, sur quelques points; mais pourtant le système enseigné par MM. Rodière et Pont nous paraît inadmissible en présence de la tradition historique et de la volonté législative.

Le régime sans communauté n'a point été, en effet, emprunté aux pays du droit écrit; ce n'est point, comme le régime dotal, une émanation des lois romaines. Il est d'origine toute française, et les rédacteurs du Code l'ont recueilli là où il était né, dans les pays de droit coutumier, c'est-à-dire dans les pays de communauté. La communauté légale est, en outre, la règle et le droit commun de la France, tandis que le régime dotal n'a trouvé place dans le Code qu'après les plus vives discussions et avec une répugnance marquée. Dans le projet du Code, en effet, le chapitre III, relatif à la dot, n'existait pas; et, comme nous l'avons dit plus haut, ce ne fut que postérieurement, et sur les réclamations du Midi, que le régime dotal fut admis au nombre des combinaisons matrimoniales figurant au Code. Comment croire dès lors qu'on doive, pour compléter le régime sans communauté, aller puiser dans l'exception au lieu de puiser dans la règle? Comment admettre qu'en écrivant les dispositions relatives à notre régime, les rédacteurs pussent songer à les compléter par le régime dotal, qu'ils ne voulaient pas reproduire?

Affirmons donc sans hésitation que les lacunes du régime sans communauté devront être comblées non par les règles du régime dotal, mais bien par celles du régime de communauté.

Cela dit, l'étude des règles du régime sans communauté se présente d'elle-même. Nous parlerons d'abord des effets du régime sans communauté par rapport au mari; nous les étudierons ensuite en ce qui concerne la femme; dans un troisième chapitre, nous indiquerons les modes de dissolution du régime sans communauté : nous nous arrêterons plus spécialement à la séparation de biens judiciaire; puis enfin nous indiquerons les modifications que les époux peuvent apporter au régime sans communauté.

CHAPITRE PREMIER.

EFFETS RELATIFS AU MARI.

Sous le régime de communauté légale, on distingue trois patrimoines : celui du mari, celui de la femme et celui de la communauté. Le patrimoine du mari, qui comprend les immeubles dont il était propriétaire au jour du mariage, les immeubles acquis par lui par suite de donations, successions ou legs, et enfin certains immeubles acquis à titre onéreux ; le patrimoine de la femme, qui se compose de la même façon, et enfin le patrimoine de la communauté, dans lequel entrent tous les meubles des deux époux, tous les revenus de leurs biens propres, ainsi que les immeubles conquêts acquis pendant le mariage, sauf pourtant de nombreuses exceptions. Sous le régime sans communauté, il n'en est plus de même. On n'y rencontre que deux patrimoines : celui du mari et celui de la femme. Le mari se trouve ici placé dans une condition des plus avantageuses. Tous ses biens restent sa propriété propre, et la femme n'y acquiert aucun droit. La seule obligation qu'impose la loi au mari, c'est de veiller aux besoins du ménage. La femme, elle aussi, conserve sa fortune personnelle ; mais sur les biens de la femme le mari acquiert deux droits fort importants, le droit de jouissance et le droit d'administration, qu'il nous faut étudier.

Droit de Jouissance.

Le mari n'est plus ici, comme sous le régime de communauté, un simple mandataire, ni cet administrateur des paraphernaux que lui confie la femme dotée. Dans ce dernier cas, l'autorisation de la femme lui a conféré son droit : sous le régime de l'exclusion de la communauté, il le tire de lui-même. Chef de la famille, préposé à la direction du ménage, il trouve dans les revenus de son épouse les moyens de pourvoir à ses charges, et s'il est le seul maître des fruits et revenus des biens de sa femme, c'est par son droit propre, *jure mariti*. Cela est si vrai, que quand le mari a satisfait à toutes les obligations qui lui incombent, les fruits qui restent lui appartiennent en toute propriété, sans qu'il ait aucun compte à rendre à qui que ce soit.

Usufruitier des biens de la femme, le mari en perçoit tous les fruits sans exception, fruits naturels, industriels ou civils; loyers des maisons, fermages, récoltes, arrérages, intérêts des capitaux, tout cela est à lui. Le Code Civil a sous ce rapport suivi les traditions de l'ancienne législation coutumière. « Le mari, dit en effet Pothier, a droit, en cas d'exclusion de « communauté, de percevoir tous les fruits, tant civils que naturels, qui « se perçoivent ou naissent durant le temps du mariage, pour se récom- « penser des charges du mariage qu'il supporte, de même que lorsqu'il y « a communauté. »

Les dispositions édictées au titre de l'usufruit sont en général appli- cables au droit de jouissance établi par les art. 1530 et suivants. On admet notamment que les fruits naturels ou industriels pendants par branches ou par racines sur les biens de la femme au jour de la célébra- tion du mariage sont acquis au mari, mais on décide que le mari doit laisser à la femme ou à ses héritiers ceux qui se trouvent dans le même état lors de la dissolution; toutefois, à cette époque, les frais de semence et de culture faits par le mari devraient lui être remboursés par la femme ou ses héritiers.

Le mari est-il propriétaire ou simplement usufruitier des biens acquis par le travail ou l'industrie de sa femme?

Cette question a divisé et divise encore la doctrine. S'il faut en croire M. Marcadé, le mari serait ici plein propriétaire. « C'est une erreur mani- feste, dit ce savant auteur, répondant aux partisans du système opposé, et « rien n'autorise à supposer ici à la loi un autre langage que le langage « de tout le monde et de la vérité des choses : les tableaux que compose « un peintre, et du prix desquels il vit, sont pour la loi, comme pour tout « le monde, le *fruit de son travail*, et il n'est pas même vrai de dire qu'il « n'y ait point ici cette production successive et réitérée qui fait définir « les fruits : *Quod ex re nascitur et renascitur.* »

Pour nous, tel n'est point notre avis; aussi, abandonnant le système proposé par M. Marcadé, nous dirons que la femme est propriétaire des travaux littéraires, scientifiques ou artistiques qu'elle engendre. Telle est, du reste, l'opinion émise par MM. Aubry et Rau dans leur savant com- mentaire sur Zachariæ, par M. Colmet de Santerre dans son Traité analy- tique de Code Civil, et par M. Durand, professeur de Code Civil à la Faculté de Rennes, à son cours. Selon nous, le mari n'a donc pas droit, en qualité d'usufruitier des biens de la femme, aux produits de ses talents

3

artistiques ou littéraires, ni à ceux d'une industrie ou profession distincte et indépendante de celle qu'il exerce lui-même. Ces produits, en effet, nous les considérons comme de nouveaux biens qui doivent rester la propriété personnelle de l'épouse. C'est donc seulement sur les intérêts que ces nouveaux biens produisent que le mari peut exercer son droit de jouissance. Est-il difficile de justifier cette opinion ? Nous ne le croyons pas. En effet, si l'industrie peut, au point de vue économique, être considérée comme un capital, ce n'est pas une raison pour en conclure que les produits de l'industrie ne constituent, en tant qu'il s'agit de l'application des règles du droit civil et l'interprétation des conventions, que de simples fruits ou revenus. Les économies faites sur ces produits du travail et de l'industrie de la femme forment en réalité des acquêts, c'est-à-dire des biens nouveaux pour celle qui les a faites; et ce qui prouve que c'est bien ainsi que les rédacteurs du Code ont envisagé la question, c'est qu'ils ont indiqué, dans l'art. 1498, comme des acquêts de nature différente, ceux qui proviennent de l'industrie des époux, et ceux qui sont le résultat d'économies faites sur les fruits et revenus de leurs biens. Que veut dire le mot *fruits*, si ce n'est produits périodiques. Or, si une femme écrit un livre, fait une statue, et ce par hasard, par une inspiration qui s'éteindra peut-être demain, pourra-t-on dire que ce livre, cette statue sera un fruit ? Nous ne le croyons pas, car nous ne trouvons pas ici le caractère essentiel du fruit, la périodicité, et par conséquent, nous n'hésitons pas à dire ce que nous avons déjà dit plus haut, que le mari n'aura droit de percevoir que les intérêts que ces nouveaux biens produisent.

Quelques auteurs pourtant, et notamment MM. Marcadé et Mourlon, se rallient à cette dernière opinion s'il s'agit d'une femme riche se livrant à des travaux d'art sans aucun but d'intérêt. Pour nous, nous ne faisons aucune distinction, et que la femme soit riche ou pauvre, qu'elle n'ait travaillé que pour conserver affectueusement ses œuvres ou dans le but d'en retirer une valeur pécuniaire, nous persistons dans notre système.

Nous voyons dès lors quel droit donne au mari le titre d'usufruitier. Mais comment use-t-il de ce droit, c'est-à-dire, comment gagne-t-il tous ces fruits ?

Quant aux fruits civils, il les gagne jour par jour. C'est l'application du droit commun. En est-il de même des fruits naturels ? Doit-on suivre encore ici les règles admises en cas d'usufruit ordinaire ? La raison de douter vient de ce que l'art. 1571 du Code Civil édicte dans une hypothèse à peu près semblable un principe contraire à celui qui est écrit pour la communauté légale. Mais, si nous nous souvenons de ce que nous avons mentionné dès le principe au sujet de la rédaction du régime dotal, l'hésitation n'est plus permise. C'est la communauté légale qui doit combler les lacunes du régime sans communauté. C'est donc conformément au droit commun que le mari doit gagner les fruits naturels, même sous le régime sans communauté, c'est-à-dire par la perception.

Si le mari a des droits, la loi lui a aussi imposé des devoirs. Quels sont ces devoirs? Dresser inventaire des meubles et état non-seulement estimatif mais encore descriptif des immeubles sur lesquels porte son usufruit. Grâce à cette précaution, la confusion des biens immobiliers de la femme avec ceux de son mari sera impossible. Les créanciers pourront reconnaître leur gage sans avoir de prétexte pour s'emparer des biens du mari.

A la différence de l'usufruitier ordinaire, le mari n'est pas tenu de donner caution; la femme ne peut donc exiger une caution pour la restitution de ses apports, car ayant une hypothèque sur les immeubles de son mari, ses droits sont suffisamment sauvegardés. Un second motif semble avoir guidé le législateur, qui a sans doute pris en considération les relations d'affection que le mari a avec sa femme, et qui forment par elles-mêmes, aux yeux de la loi du moins, une garantie suffisante. Le mari diffère encore de l'usufruitier ordinaire en ce que s'il a négligé de faire des coupes de bois, si des perceptions de fruits qui auraient dû être faites pendant le mariage ne l'ont pas été, la femme lui devra récompense, tandis qu'aucune indemnité n'est due en pareil cas à l'usufruitier du droit commun, et cela, parce qu'il eût été facile au mari de faire des avantages indirects à sa femme.

Le mari est, comme l'usufruitier ordinaire, tenu de supporter les charges qu'un propriétaire acquitte généralement avec ses revenus; ainsi, il doit payer les contributions, les frais de garde, d'ensemencement, de culture. Les réparations d'entretien sont également à sa charge, car on suppose qu'elles sont nécessitées par des détériorations provenant de l'usage même régulier de la chose. Quant aux grosses réparations, celles qui sont indispensables à la conservation de l'immeuble, elles sont supportées par la femme. Toutefois, elles devraient l'être par le mari dans le cas où il serait prouvé qu'elles ont été occasionnées par sa négligence ou un abus de jouissance. C'est encore au mari qu'incombe le paiement des intérêts des dettes, des arrérages des rentes dont la femme est débitrice. Le mari doit encore subvenir, seul et sans recours, à toutes les charges du mariage, telles que la nourriture et l'entretien des époux, l'éducation des enfants, même de ceux que la femme aurait eus d'un précédent mariage, si ces enfants n'ont pas d'autres moyens personnels d'existence.

Droit d'Administration.

Administrer, c'est faire le nécessaire pour que des biens ne dépérissent pas ou qu'ils s'améliorent. Aux termes de l'art. 1531, « le mari conserve l'administration des biens meubles et immeubles de sa femme, et, par suite, le droit de percevoir tout le mobilier qu'elle apporte en dot ou qui lui échoit pendant le mariage, sauf la restitution qu'il doit en faire après la dissolution ou après la séparation de biens qui serait prononcée par justice. »

Comme on le voit, cet article se contente de poser un principe sans le développer. S'il donne au mari le pouvoir d'un administrateur, il n'indique pas dans quelle limite il devra agir. Ce silence, au surplus, n'est pas trop regrettable. On doit ici, sans aucune difficulté, appliquer les dispositions des art. 1428, 1429 et 1430 du Code Civil. Ainsi, les droits et devoirs du mari marié sans communauté sont les mêmes que ceux qu'il a sous le régime de communauté par rapport aux propres de sa femme. Le mari doit donc veiller à la conservation des biens de sa femme; c'est à lui de louer et d'affermer les immeubles de son épouse, de renouveler les baux, de faire les recouvrements des capitaux et d'en donner quittance.

Le mari doit encore interrompre les prescriptions en cours contre sa femme. S'il faut, dans l'intérêt de celle-ci, exercer des actions judiciaires, quelles actions pourra-t-il intenter? En principe, le mari pourra intenter toutes les actions mobilières; il pourra également intenter les actions possessoires; nous n'excepterons ici que l'action en partage définitif, même des meubles échus à la femme, l'art. 818 interdisant au mari de l'intenter sans le concours de celle-ci. Quant aux actions immobilières pétitoires, l'exercice ne lui en appartient pas. L'opinion contraire a été, il est vrai, soutenue par quelques auteurs qui veulent ici appliquer les règles du régime dotal; mais ainsi que nous l'avons déjà vu, c'est aux règles de la communauté légale qu'il faut recourir pour combler les lacunes de notre section, et sous ce régime le mari est incapable de mettre en mouvement les actions de cette nature. Il va sans dire que le mari peut intenter ces actions pétitoires immobilières quant à l'usufruit; ce qu'il ne peut, suivant nous, c'est les intenter quant à la nu-propriété.

La qualité d'administrateur ne donne pas par elle-même le pouvoir d'aliéner; l'art. 1428 porte en effet : Le mari ne peut « aliéner » les immeubles personnels de sa femme sans son consentement. Par suite, s'il procède à quelqu'aliénation, la femme ou ses héritiers peuvent toujours la faire déclarer nulle. Remarquons même que la prescription du droit d'agir en nullité ne commence à courir contre la femme qu'à partir de la dissolution du mariage, dans tous les cas où l'action de la femme peut réagir contre son mari. (Art. 2256-2°:)

Que décider à l'égard des meubles? Une distinction est ici nécessaire. Les meubles sont propres parfaits ou propres imparfaits.

Les meubles propres imparfaits sont ceux qui se consomment, *primo usu*, ou qui sont destinés à être vendus. Ceux-ci peuvent être aliénés par le mari.

Les meubles propres parfaits sont ceux qui sont destinés à être conservés.

Relativement à ces derniers, des dissidences ont surgi. Suivant les uns, le mari pourrait disposer par aliénation des biens mobiliers propres à sa femme. Suivant d'autres, au contraire, le droit de les aliéner serait refusé à l'époux. Ce dernier système nous paraît plus conforme à l'esprit de la loi; aussi n'hésitons-nous pas à l'adopter. Que faut-il, en effet, pour aliéner? Être propriétaire. Le mari l'est-il? Non, puisque c'est sa femme qui l'est. Toutefois, il convient ici de tenir compte du principe déposé dans l'art. 2279 du Code Civil. Mais ce texte ne s'applique, on le sait, qu'aux meubles corporels. Concluons-en que la vente des choses mobilières incorporelles, et notamment des créances appartenant à la femme, reste frappée de nullité.

Que dire des acquisitions du mari? Si elles sont faites avec les fruits économiques des biens de la femme ou avec les siens propres, elles lui restent personnelles.

Quid, si ces acquisitions ont été faites avec les capitaux de la femme? Nous renvoyons pour l'examen de cette question à ce que nous dirons lorsque nous examinerons les droits de la femme sous ce régime.

Nous n'avons encore examiné les droits d'administration du mari que par rapport aux biens dont la femme reste propriétaire; il existe des cas où, à raison de la nature même de certains biens, la propriété passe au mari.

Il est, en effet, des choses dont on ne peut faire usage sans les consommer; pour en jouir, il faut donc en devenir propriétaire; mais cette règle n'étant établie qu'à l'égard des choses *quæ primo usu consumuntur*, il s'ensuit que la femme reste propriétaire des autres objets mobiliers, qui, sans être détruits immédiatement par l'usage qu'on en fait, se détériorent néanmoins peu à peu par un usage répété. Le mari n'en a que la jouissance. C'est donc pour elle que ces objets se détériorent et périssent en vertu de ce principe : *Res perit domino*. Pour éviter ce danger, elle peut faire estimer ces biens, et cette estimation transfère la propriété au mari, à moins de stipulation contraire; cette estimation servira de base à la restitution dont celui-ci sera tenu au jour de la dissolution du mariage ou lors de la séparation de biens prononcée en justice.

Venons aux dettes que peut avoir le mari. Pour celles qu'il a contractées avant le mariage, de même que pour celles qu'il a pu faire depuis, il en est seul tenu. Les créanciers n'ont aucune action ni contre la femme, ni contre ses biens pour lesdites dettes, à moins qu'elle ne s'y soit personnellement obligée; encore, dans ce cas, devrait-elle être indemnisée par le mari (art. 1431). Le mari est, de plus, tenu d'acquitter, jusqu'à concurrence de la valeur des biens que la femme lui a apportés ou qui lui sont échus pendant le mariage, les dettes dont ils étaient grevés; mais c'est à la condition que ces créances aient une date certaine antérieure au mariage ou à l'évènement qui a fait entrer les biens en question dans la propriété de la femme. De là résulte la nécessité d'un inventaire établissant d'une façon exacte la consistance des meubles ou immeubles grevés de dettes. Si le mari a rempli ces formalités, il peut se libérer des poursuites des créanciers de son conjoint en leur abandonnant lesdits biens (par argument de 1510); mais s'il n'a pas fait inventaire, les créanciers ont le droit de poursuivre leur paiement sur tout ce qui est dans l'administration du mari, sauf bien entendu les répétitions auxquelles le mari pourra avoir droit contre son conjoint ou ses héritiers à la dissolution du mariage.

CHAPITRE II.

EFFETS RELATIFS A LA FEMME.

§ 1er. — *Quant à son patrimoine.*

La femme se trouve, relativement à ses biens, dans la situation d'une nu-propriétaire. Elle conserve propres tous les biens qu'elle possédait au jour de la célébration du mariage ou qui lui sont échus depuis, à quelque titre que ce soit. Il n'y a d'exception que pour les choses qui se consomment *primo usu;* le mari, en acquérant l'usufruit, en devient par là même propriétaire.

Nous avons vu que les économies faites sur les revenus des biens et ce qui n'était pas absorbé par les dépenses du ménage ne s'ajoutent point au capital, mais restent la propriété irrévocable du mari.

En matière de communauté légale, il n'en est plus de même; la femme apporte à son mari tous ses capitaux mobiliers présents et futurs, de quelque nature qu'ils puissent être.

Justifions cette différence. Sous le régime de communauté légale, les deux époux sont tenus à cette mise en communauté de leurs capitaux mobiliers; la femme a donc l'espoir, à la dissolution de la communauté, de partager par égale moitié tout le mobilier de son mari, joint à celui qu'elle avait elle-même apporté, et de plus à toutes les acquisitions tant immobilières que mobilières qu'il aura pu faire par son industrie, ses économies et sa bonne administration. Il y a donc un véritable contrat aléatoire. En acceptant le régime sans communauté, la femme a renoncé à cette espérance; peut-on dès lors la dépouiller de la propriété de son mobilier pour la faire passer à son mari? Celui-ci conserve, il est vrai, quoiqu'il n'y ait pas communauté, le droit d'administrer la fortune de son conjoint, d'en percevoir les revenus; mais c'est là une simple conséquence de ce principe équitable que la femme doit contribuer aux charges du mariage, dans lesquelles sont comprises ses dépenses propres, ainsi que l'entretien et l'éducation de ses enfants. Ces notions générales données sur la position de la femme, examinons les actes qu'elle peut faire, tout en déterminant la portée qu'ils doivent avoir.

La seule difficulté relative aux droits de l'épouse se présente à l'occasion des acquisitions faites pendant le mariage. Ces acquisitions peuvent avoir lieu de la manière suivante :

1° *Achats faits par le mari seul et en son nom.* — Dans ce cas, la femme n'a évidemment rien à y prétendre; le mari en a la pleine propriété.

2° *Achats faits par la femme autorisée de son mari, ou par le mari pour sa femme.* — Ici s'élève la question de savoir si l'immeuble acquis sera réputé la propriété du mari seulement, comme dans le cas où il a acheté seul et en son nom, et si la femme ne pourra y prétendre qu'en prouvant qu'elle possédait des deniers suffisants pour cette acquisition et que ces deniers y ont réellement servi. Dans l'espèce dont il s'agit, une distinction est nécessaire.

L'acquisition peut avoir lieu en vertu d'une clause de remploi stipulée dans le contrat de mariage. Dans ce cas, tout se passera comme sous le régime de communauté : l'immeuble acquis en remploi sera propre à la femme, pourvu que le contrat d'acquisition porte la déclaration : 1° qu'elle est faite avec les deniers propres à la femme; 2° que le bien acquis soit subrogé au bien échangé; 3° que la femme accepte formellement le remploi.

Quelques jurisconsultes, et entre autres Toullier, ont critiqué cette dernière condition, en disant qu'elle n'est point nécessaire. Pour nous, nous ne saurions admettre ce système. Aujourd'hui, la nécessité de l'acceptation est reconnue et imposée par une jurisprudence constante. Le système de Toullier, en effet, méconnaît l'esprit qui a dicté le remploi conventionnel. Pourquoi, en effet, stipule-t-on le remploi dans un contrat de mariage? C'est dans un but de précaution, c'est pour assurer à la femme qu'elle aura à la dissolution du mariage la contre-valeur des biens immobiliers qu'elle possède au jour de la célébration, c'est pour protéger les biens de la femme contre la dissipation du mari. Or, le système de Toullier avantage le mari et enchaîne la femme à la volonté de son conjoint, qui pourra faire un remploi désastreux imposé pourtant à la femme. Il n'y a pas, d'ailleurs, de difficulté sérieuse dans cette hypothèse; mais on a demandé si, en l'absence d'une condition d'emploi de deniers apportés par la femme ou à elle échus pendant le mariage, les acquisitions par elle faites ou par son mari pour elle lui restent également propres.

On décide assez généralement qu'elles lui appartiennent quand elle peut prouver qu'elle avait les deniers suffisants pour les payer. En est-il de même si elle ne justifie pas qu'elle avait à sa disposition de quoi solder le prix? Les auteurs et la jurisprudence sont partagés sur cette question. Certains jurisconsultes enseignent, conformément à la doctrine émise par Pomponius dans la loi Quintus Mucius (Dig., *De donat. inter vir. et uxor.*, L. XXIV, t. 1, l. 51), qu'il y a, jusqu'à preuve contraire, présomption que paiement a été fait des deniers du mari.

Cette opinion ne peut être suivie : nous ne devons pas admettre d'autres présomptions légales que celles qui ont été déclarées telles par une loi spéciale. Or, celle qu'on invoque ici n'a point été reproduite dans notre Code. Disons donc que la femme est propriétaire pour moitié des acquisitions par elle faites conjointement avec son mari; quant à celles où elle s'est portée seul acquéreur, elles lui appartiennent en totalité, sans que le mari ou ses héritiers puissent répéter le prix versé, à moins qu'ils ne prouvent que ce prix a été payé avec l'argent du mari.

Il nous faut maintenant parler du cas où il y a eu vente. L'art. 1535, pour faire antithèse avec le régime dotal, vient dire expressément que les immeubles de la femme ne sont pas inaliénables. Néanmoins ils ne peuvent être aliénés sans le consentement du mari, et à son refus, sans l'autorisation de justice.

Le consentement marital et l'autorisation judiciaire produisent-ils les mêmes effets? Ont-ils le même pouvoir? Argumentant des art. 1426 et 1427, et de l'art. 1555, il faut dire que la femme autorisée seulement de justice doit réserver l'usufruit à son mari. Celui-ci ne peut souffrir des résultats d'un acte auquel il n'a point concouru, auquel il n'a pas donné son approbation.

Les deniers provenant de la vente sont remis entre les mains du mari, qui, bien que la question soit controversée, doit en faire emploi. Il a, en effet, seul ici mandat légal pour veiller à l'exécution de l'acte et à ses suites; il doit donc être tenu de cette exécution. En ne faisant pas emploi des capitaux qui rentrent dans le patrimoine de sa femme, soit à titre de prix de ses immeubles aliénés, soit pour toute autre cause, il manque à son devoir; il est donc entièrement garant et responsable.

§ 2. — *Quant à ses dettes.*

Nous examinerons les dettes antérieures au mariage et les dettes nées pendant le mariage.

4

1° Dettes antérieures au mariage.

La femme est ici seule tenue. C'est une différence avec la communauté légale, une conséquence du principe de division qui, dans notre régime, existe entre les patrimoines des deux époux. Mais les créanciers pourront-ils saisir la pleine propriété de ses biens? Nous parlons évidemment ici des créanciers chirographaires; si la dette n'a pas une date certaine antérieure au mariage, pas de difficulté, les créanciers ne pourront saisir que la nu-propriété. Mais la question est plus délicate si cette dette avait une date certaine antérieure au mariage. S'il faut en croire MM. Aubry et Rau, les créanciers de la femme peuvent se faire payer d'une manière absolue. Suivant nous, ils ne pourront saisir que la nu-propriété, car ils n'ont pas le droit de suite en qualité de chirographaires.

2° Dettes nées pendant le mariage.

Deux cas peuvent se présenter : la femme s'est obligée avec ou sans l'autorisation du mari. Dans le premier, la femme oblige la pleine propriété de ses biens; mais le mari, en donnant son autorisation, n'est pas lié sur son patrimoine. Il ne faut pas appliquer ici la présomption établie par l'art. 1449 en matière de communauté, mais bien s'en tenir au principe général : *Qui auctor est non se obligat.* Pour que les créanciers aient une action personnelle contre le mari, ils devront prouver que l'engagement a été contracté dans son intérêt ou qu'il a profité des sommes ou objets reçus par la femme.

Si la femme a contracté des dettes sans autorisation aucune, l'obligation est annulable; si elle a emprunté avec autorisation de justice, elle engage la nu-propriété et non plus la pleine propriété de ses biens. On ne peut rien, en effet, reprocher au mari; il est donc juste qu'il garde l'usufruit des biens de sa femme.

Pour ce qui concerne les dettes provenant de successions échues à la femme, elles sont régies par l'art. 1413. La femme a-t-elle accepté la succession avec l'autorisation de son mari? les créanciers peuvent agir sur la pleine propriété des biens de l'épouse. A-t-elle accepté, autorisée par justice à défaut du mari? les créanciers ne peuvent poursuivre le paiement que sur la nu-propriété.

CHAPITRE III.

DES MODES DE DISSOLUTION DU RÉGIME SANS COMMUNAUTÉ.

Ce régime se dissout de la même manière que la communauté légale : la mort naturelle, la déclaration de nullité d'un mariage putatif, les effets de la déclaration d'absence, la séparation de biens judiciaire, telles sont les causes qui peuvent amener la dissolution du régime que nous examinons.

Les quatre premiers modes ci-dessus mentionnés ne présentent aucune difficulté, ils se conçoivent d'eux-mêmes ; aussi ne nous y arrêterons-nous pas. Nous examinerons spécialement les effets du jugement de séparation de biens sous ce régime.

Par l'effet du jugement de séparation, la femme recouvre l'administration de ses biens et la jouissance de ses revenus. La femme a donc pleine capacité pour les actes d'administration et de jouissance. La femme peut donc, sans avoir besoin de l'autorisation de son mari, louer ses immeubles, poursuivre ses débiteurs, recevoir ses capitaux, toucher ses revenus ; mais la séparation ne détruit pas la puissance maritale, et la femme ne peut, sans une autorisation spéciale de son mari, ester en justice, aliéner, hypothéquer ses immeubles, accepter ou refuser une donation ou une succession. Cependant, cette rigueur aurait pu souvent amener des conséquences fâcheuses ; le mari, en effet, en refusant son autorisation pour des actes de première nécessité, aurait compromis gravement les intérêts de sa femme ; c'est pourquoi le législateur a permis à la femme de se faire autoriser par justice lorsque son mari lui refuse, sans justes motifs, son consentement. Toutefois, la femme qui reprend la jouissance de ses revenus devra encore ici contribuer aux dépenses du ménage proportionnellement à ses facultés et à celles de son mari (1448).

La séparation de biens oblige encore le mari à restituer tous les biens de la femme, à l'exception des fruits qu'il a gagnés irrévocablement. La restitution se règle donc sur l'apport de la femme, c'est-à-dire sur les biens qu'elle a apportés lors de son mariage, ou qui lui sont échus depuis. La femme ou ses héritiers ont une action pour faire ordonner cette restitution, et comme ils sont demandeurs, ils sont soumis à la règle : *Ei incumbit probatio qui dicit.*

C'est à eux à prouver quels sont les biens apportés en dot, quelle est leur consistance et leur qualité. Mais comment faire cette preuve? Plusieurs auteurs ont voulu distinguer. Pour les biens mobiliers possédés avant le mariage, la consistance ne peut en être établie que par un inventaire; pour les biens échus pendant le mariage, la preuve peut se faire de toute manière.

Pour nous, rejetant toute distinction, nous admettons que, dans les deux hypothèses, la femme peut prouver comme bon lui semble.

La femme, en réclamant ses capitaux, ne peut-elle pas aussi réclamer les intérêts, et les intérêts du jour de la dissolution?

MM. Rodière et Pont, ainsi que M. Duranton, répondent affirmativement. A l'appui de cette opinion, ces auteurs font remarquer que la femme ne sera guère portée à faire valoir son droit dès le jour qui a suivi la mort de son mari.

Pour nous, nous ne croyons pas que cette raison ait convaincu le législateur; car, à défaut d'une convention expresse, les intérêts ne sont dus qu'à dater du jour de la demande en justice (1153).

La restitution imposée au mari doit se faire en nature pour les biens dont la femme est restée propriétaire; le mari n'est responsable que des détériorations provenant de son fait ou de sa négligence. Elle se fera en argent lorsque le mari sera devenu propriétaire, c'est-à-dire lorsqu'il s'agira de choses destinées à être vendues, lorsque les choses remises au mari par la femme auront été remises avec estimation, lorsqu'il s'agira de choses se consommant *primo usu;* mais ici ce serait pour lui que les choses périraient ou se détérioreraient; il serait, quoi qu'il arrivât, débiteur de leur valeur.

Fidèles à leur principe, MM. Rodière et Pont accordent au mari, par application de l'art. 1565, un délai d'un an pour restituer, lorsque son obligation a pour objet une somme d'argent ou toute autre quantité.

Cette doctrine, suivant nous, n'est pas exacte; la restitution peut être exigée dès le jour de la dissolution du mariage, ou aussitôt que la séparation de biens a été prononcée. Vainement ces auteurs, invoquant l'article 1531, qui se contente de dire que la restitution doit avoir lieu après la dissolution du mariage, sans ajouter le mot *incontinent,* ont résolu la question en faveur du mari. Cet argument ne nous paraît pas décisif. Pour le réfuter, il suffit de faire remarquer que l'art. 1531 porte aussi que la restitution doit avoir lieu après la séparation de biens, et que MM. Rodière et Pont n'osent pas appliquer leur raisonnement à cette hypothèse. La disposition de l'article précité a, d'ailleurs, été empruntée à un pays de coutumes, et notamment à Pothier, qui dit que le mari doit, lors de la dissolution du mariage, rendre les biens à sa femme ou à ses héritiers.

APPENDICE

De quelques stipulations que les époux peuvent faire pour modifier le régime sans communauté.

Aux termes de l'art. 1534, il peut être convenu que la femme touchera annuellement, sur ses seules quittances, certaines portions de ses revenus pour son entretien et ses besoins personnels. Les époux, bien que le Code garde le silence à cet égard, peuvent encore aller plus loin, et réserver au profit de la femme la jouissance et l'administration d'une partie de ses biens. Au reste, ces deux clauses ne doivent pas être confondues. Elles diffèrent essentiellement l'une de l'autre. Dans le deuxième cas, le mari perd son titre d'administrateur, quant aux biens exceptés. Dans le premier cas, au contraire, le mari garde l'administration des biens dont la femme se réserve l'usufruit ; seulement, c'est à celle-ci que sont remis les revenus en question, pour qu'elle ne soit pas obligée d'adresser au mari des demandes qui, à raison de leur fréquence, pourraient lui répugner. Mais ils ne changent point pour cela de nature ; en d'autres termes, ils ne deviennent pas propres à la femme, en sorte que s'ils se trouvent placés en acquisitions, ces acquisitions deviennent la propriété du mari. Il en est tout autrement lorsque le contrat de mariage accorde à la femme l'administration et la jouissance d'une partie de ses biens. Les revenus qu'elle touche lui appartiennent en toute propriété, et le mari ne peut réclamer aucun droit sur les biens qu'elle acquiert avec ses économies.

Ces modifications ne sont pas les seules ; rien n'empêche les époux de convenir que les biens de la femme seront frappés d'inaliénabilité. Mais quel sera l'effet de cette clause ? Faut-il dire, avec certains auteurs, que les époux seront alors mariés sous le régime dotal ? Nullement ; même dans ce cas, il y aura toujours, entre ce régime et le régime sans communauté, des différences nombreuses. Ainsi, pour ne citer que quelques exemples, le mari ne pourra exercer les actions pétitoires immobilières de la femme, et les dispositions des art. 1565 et 1570 ne pourront, en aucun cas, être invoquées ni par l'un ni par l'autre des époux. Ainsi encore, relativement à la perception des fruits, nous appliquerons l'art. 1401 plutôt que l'article 1571 du régime dotal. Enfin, nous donnerons à la femme le droit de prélever ses habits de deuil aux frais des héritiers du mari prédécédé, sans lui accorder, pendant l'année du décès, le droit d'habitation que l'art. 1570 lui confère sous le régime dotal.

Les époux, bien que leur intention soit de se marier sans communauté, peuvent stipuler que les biens acquis pendant le mariage leur seront communs; mais, comme plusieurs auteurs le font remarquer, les époux sont alors plutôt mariés sous le régime de la communauté réduite aux acquêts que sous le régime sans communauté.

DEUXIÈME PARTIE.

Du régime de séparation de biens.

La séparation de biens est, de tous les régimes, celui qui s'écarte le plus de la nature du mariage et des règles ordinaires de la société conjugale. Sous le régime sans communauté, la femme confie au moins à son mari la jouissance et l'administration de ses biens. Ici, il n'y a rien de commun entre les époux : séparation de propriété, séparation d'administration; tels sont les caractères distinctifs du régime de séparation de biens que le législateur a emprunté aux pays du droit coutumier, où il semble, du reste, avoir été assez peu usité.

Les personnes qui l'adoptent aujourd'hui sont à peu près celles qui, déjà pourvues des avantages de la fortune, n'attendent pas de leur industrie et de la communauté du travail l'augmentation de leur patrimoine.

La séparation de biens contractuelle et la séparation de biens judiciaire ont entre elles une grande analogie; toutes deux, en effet, donnent à chacun des époux l'administration et la jouissance de ses biens; aussi admet-on que nos art. 1536 à 1539 doivent être interprétés et complétés par les art. 1449 à 1450, qui indiquent les effets de la séparation judiciaire.

La division à suivre dans l'étude de cette convention est simple. Nous étudierons d'abord les effets de ce régime, puis nous le comparerons avec le régime de séparation judiciaire.

CHAPITRE PREMIER.

EFFETS DU RÉGIME DE SÉPARATION DE BIENS.

Les effets du régime de séparation de biens doivent être examinés à un double point de vue : quant à la femme, quant au mari.

SECTION Iʳᵉ.

QUANT A LA FEMME.

§ 1ᵉʳ. — *Quant à son patrimoine.*

La femme, dit l'art. 1536, conserve l'entière administration de ses meubles et de ses immeubles, etc... Que doit-on entendre par ces mots : *entière administration*, et quels sont les actes qu'ils comprennent? La femme est ici placée dans la même position que si elle était judiciairement séparée de son mari (art. 1449). Elle peut faire tous les actes d'une large et bonne gestion. Elle a, par suite, le droit de passer des baux de neuf ans et de les renouveler; elle aliène même, si elle le juge nécessaire, son mobilier à titre onéreux.

Elle peut donc, comme nous venons de le dire, disposer de son mobilier et l'aliéner, et cela sans autorisation; mais elle ne peut disposer de ses immeubles sans l'autorisation de son mari ou de justice. Aucune clause, aucune convention ne peut porter atteinte à cette prérogative de la puissance maritale, qu'elle se présente sous la forme d'une réserve expresse du pouvoir d'aliéner faite dans le contrat de mariage, ou sous la forme d'une autorisation générale. L'autorisation générale donnée par le mari ne serait, en effet, qu'une abdication de son droit d'autoriser, puisque la femme pourrait ensuite aliéner à son insu, et sans que rien pût la défendre contre ses propres entraînements. D'ailleurs, cette clause, si elle eût été permise, fût devenue de style dans les contrats, et eût bientôt rendu illusoires les dispositions de la loi. Il faut donc que l'autorisation soit spéciale. Reste maintenant à savoir ce qu'il faut entendre par ce dernier mot.

Suivant certains auteurs, la spécialité s'applique plutôt aux immeubles mêmes qu'à l'acte d'aliénation. Ainsi, disent-ils, la femme pourrait être valablement autorisée à aliéner certains immeubles situés dans telle ou telle circonscription territoriale, sans qu'il fût nécessaire d'indiquer le mode et l'époque d'aliénation. Pour nous, nous ne saurions nous rallier à cette doctrine, en présence de l'art. 1538, qui porte : « Toute autorisation générale d'aliéner les immeubles donnés à la femme, soit par contrat de mariage, soit depuis, est nulle. » Toutefois, il ne faut pas aller trop loin. Oui, en thèse, une formule comme celle ci-dessus indiquée est nulle; mais quand, en fait, la femme voudra aliéner un corps de biens désigné par un nom spécial, une ferme, par exemple, l'autorisation pourra porter que la femme a la faculté d'aliéner tel domaine.

Lorsque, avec l'autorisation de son mari, la femme contractuellement séparée de biens a vendu l'un de ses immeubles, le mari est-il garant de l'emploi ou du défaut de remploi du prix? Oui, sans doute, s'il est prouvé que c'est lui qui a reçu les deniers ou qu'ils ont tourné à son profit. Mais faut-il aller plus loin et décider avec l'art. 1450 qu'il est tenu de cette garantie par le seul fait qu'il a été présent au contrat de vente et qu'il y a consenti? Oui, il y a présomption qu'il a touché ce prix, présomption qui subsiste jusqu'à preuve du contraire.

§ 2. — Quant à la jouissance.

La femme, dit l'art. 1536, conserve la jouissance libre de ses revenus; mais puisque la séparation de biens contractuelle laisse subsister la vie commune, chacun des époux doit contribuer aux charges du mariage. D'après l'art. 1537, la femme contribue, en effet, aux besoins du ménage, s'il n'existe aucune convention à cet égard, jusqu'à concurrence du tiers de ses revenus.

Cette décision législative, qui établit ainsi entre les époux une inégalité marquée dans le poids des charges, qui, semble-t-il, devraient être communes, se justifie, dit-on, par cette considération que le mari est le maître du ménage, et que plus il a d'autorité, plus il doit contribuer à la dépense. Au surplus, elle n'est pas absolue, et tous les auteurs conviennent qu'elle doit fléchir dans certaines circonstances, et même que si le mari est indigent, la femme doit seule faire face aux besoins du ménage, par application des art. 212 et 1448 C. Civ.

C'est entre les mains du mari que doit être versée la part contributoire de la femme. La preuve du paiement peut se faire d'ailleurs par tous les moyens de preuve : *Inter conjuges res non sunt amare tractandæ*. Cependant, si le mari est mauvais administrateur, si, au lieu d'employer les fruits qui lui sont remis à satisfaire les besoins communs, il les dissipe en folles dépenses, la femme peut demander une séparation de biens judiciaire ; elle sera alors dispensée de confier à son mari cette part de revenus affectée à l'entretien du ménage et règlera l'emploi de cet argent. Cette mesure, en effet, peut être indispensable pour sauvegarder l'avenir de la famille et la mettre à l'abri de la ruine que peut amener la prodigalité de son chef.

Disons aussi que sous ce régime la femme, comme sous tous les autres, a droit à ses habits de deuil. *Non debet uxor propriis sumptibus lugere maritum.*

SECTION II.

QUANT AU MARI.

Les époux restant, sous le régime de séparation de biens, complètement étrangers l'un à l'autre quant à leurs biens, on conçoit facilement que la situation du mari reste après le mariage ce qu'elle était avant. S'il conserve intacts les droits qu'il avait sur son patrimoine, il n'en acquiert aucun sur les biens de sa femme. Obligé de subvenir aux charges du mariage, tout ce qu'il peut exiger de celle-ci, c'est qu'elle allége le fardeau qui lui est imposé, c'est qu'elle contribue avec lui aux dépenses journalières. Au reste, en l'absence de toute stipulation, ses obligations à cet égard sont plus étendues que celles de la femme. L'art. 1537 ne fixe, ainsi qu'on l'a vu, la part de cette dernière qu'au tiers de ses revenus.

Quoique le mari n'ait en droit ni l'administration, ni la jouissance des biens qui appartiennent à sa femme, il est cependant possible qu'en fait il joue le rôle d'un administrateur et d'un usufruitier. Trois hypothèses se présentent alors : ou la femme lui a donné un mandat formel, ou il agit sans mandat mais sans opposition, ou enfin il administre malgré l'opposition constituée de la femme.

Dans le premier cas, ses obligations sont les mêmes que celles d'un mandataire ordinaire ; dans le second, il doit compte, à la dissolution du mariage, des fruits existants, sans être tenu de payer la valeur de ceux

5

qui ont été consommés; dans le troisième, enfin, il est comptable de tous les fruits, sans distinction entre ceux qui ont été consommés et ceux qui sont encore existants. Ces différentes solutions sont l'application des articles 1577, 1578 et 1579, qui, bien que placés au titre du régime dotal, ne sont eux-mêmes que la conséquence des principes généraux. On doit également suivre ici la disposition de l'art. 1580, et décider, par suite, que le mari est tenu de faire les réparations d'entretien, de payer les contributions et, en général, de remplir toutes les obligations de l'usufruitier.

CHAPITRE II.

DIFFÉRENCES ENTRE LA SÉPARATION DE BIENS CONTRACTUELLE ET LA SÉPARATION DE BIENS JUDICIAIRE (1).

Ces différences sont au nombre de cinq :

1° La séparation de biens judiciaire se place au cours du mariage; la séparation de biens conventionnelle est antérieure à la célébration du mariage.

2° La séparation de biens judiciaire a sa source dans un jugement; la séparation de biens conventionnelle est l'œuvre des parties.

3° La séparation de biens judiciaire a pour cause le mauvais état des affaires du mari; la séparation de biens conventionnelle n'implique rien de fâcheux contre la gestion des futurs conjoints.

4° La séparation de biens judiciaire n'est point irrévocable; la séparation de biens conventionnelle ne peut être altérée au cours du mariage (1395).

5° La femme commune, puis séparée judiciairement, doit contribuer aux charges du ménage dans la proportion de sa fortune; la femme séparée conventionnellement contribue dans la proportion indiquée dans son contrat de mariage, ou, à défaut de convention, dans la proportion du tiers de ses biens.

On s'est demandé s'il n'y avait pas une sixième différence; nous ne l'admettons pas.

Lorsqu'avec l'autorisation de son mari, la femme conventionnellement séparée de biens a vendu l'un de ses immeubles, le mari est-il garant de

(1) Nous supposons ici la séparation de biens judiciaire principale et non pas celle accessoire à la séparation de corps en vertu de l'art. 311 C. Civ.

l'emploi ou du défaut de remploi du prix? Oui, sans doute, s'il est prouvé que c'est lui qui a reçu les deniers, ou qu'ils ont tourné à son profit. Mais faut-il aller plus loin et décider, avec l'art. 1450, qu'il est tenu de cette garantie par le seul fait qu'il a été présent au contrat de vente et qu'il y a consenti? Oui, car comme nous l'avons dit plus haut, il y a présomption qu'il a touché ce prix, présomption qui subsiste jusqu'à preuve contraire. En effet, les motifs qui ont amené le législateur à introduire l'art. 1450 dans la séparation de biens judiciaire se représentent avec la même force. Que, dès le moment de la célébration du mariage, la femme songe à se prému- nir et à sauvegarder ses intérêts, ou bien qu'elle n'en vienne là que plus tard, au moment où sa dot est en danger, les résultats sont les mêmes au point de vue où nous nous plaçons, l'identité parfaite : les principes doivent donc être les mêmes.

QUESTIONS CONTROVERSÉES.

Droit Romain.

I. — Lorsque la délégation a lieu *dotis causa*, le mari délégataire est-il responsable de l'insolvabilité du débiteur délégué? — Oui.

II. — La constitution de dot est-elle une opération à titre gratuit ou à titre onéreux? — C'est une opération à titre onéreux.

Droit Français.

Code Civil.

I. — La séparation de biens accessoire à la séparation de corps a-t-elle un effet rétroactif au jour de la demande? — Non.

II. — L'art. 1444 est-il applicable à la séparation de biens résultant de la séparation de corps? — Non.

III. — Un testateur peut-il imposer à ses héritiers l'obligation de rester dans l'indivision pendant cinq ans? — Non.

IV. — Le mineur qui a diverti ou recélé un objet de la succession est-il déchu du bénéfice d'inventaire? — Oui.

V. — La femme séparée de biens peut-elle aliéner à titre onéreux son mobilier, même au-delà des limites de son administration? — Oui.

VI. — La femme séparée de biens peut-elle seule acquérir à titre oné-reux soit des meubles, soit des immeubles? — Oui.

VII. — Peut-on demander la séparation de biens judiciaire sous le ré-gime de séparation de biens contractuelle? — Oui.

Droit Commercial.

Le porteur d'une lettre de change peut-il être contraint de recevoir un paiement partiel? — Non.

Droit Pénal.

Une juridiction répressive peut-elle frapper comme banqueroutier un individu qui n'a pas été déclaré en faillite par un jugement du tribunal de commerce? — Non.

Droit Administratif.

La loi du 19 novembre 1814 sur l'observation des dimanches est-elle toujours en vigueur? — Oui.

ÉMILE VILLIERS.

Vu pour l'impression,

Le Doyen, ED. BODIN.

Rennes. — Imp. Catel.

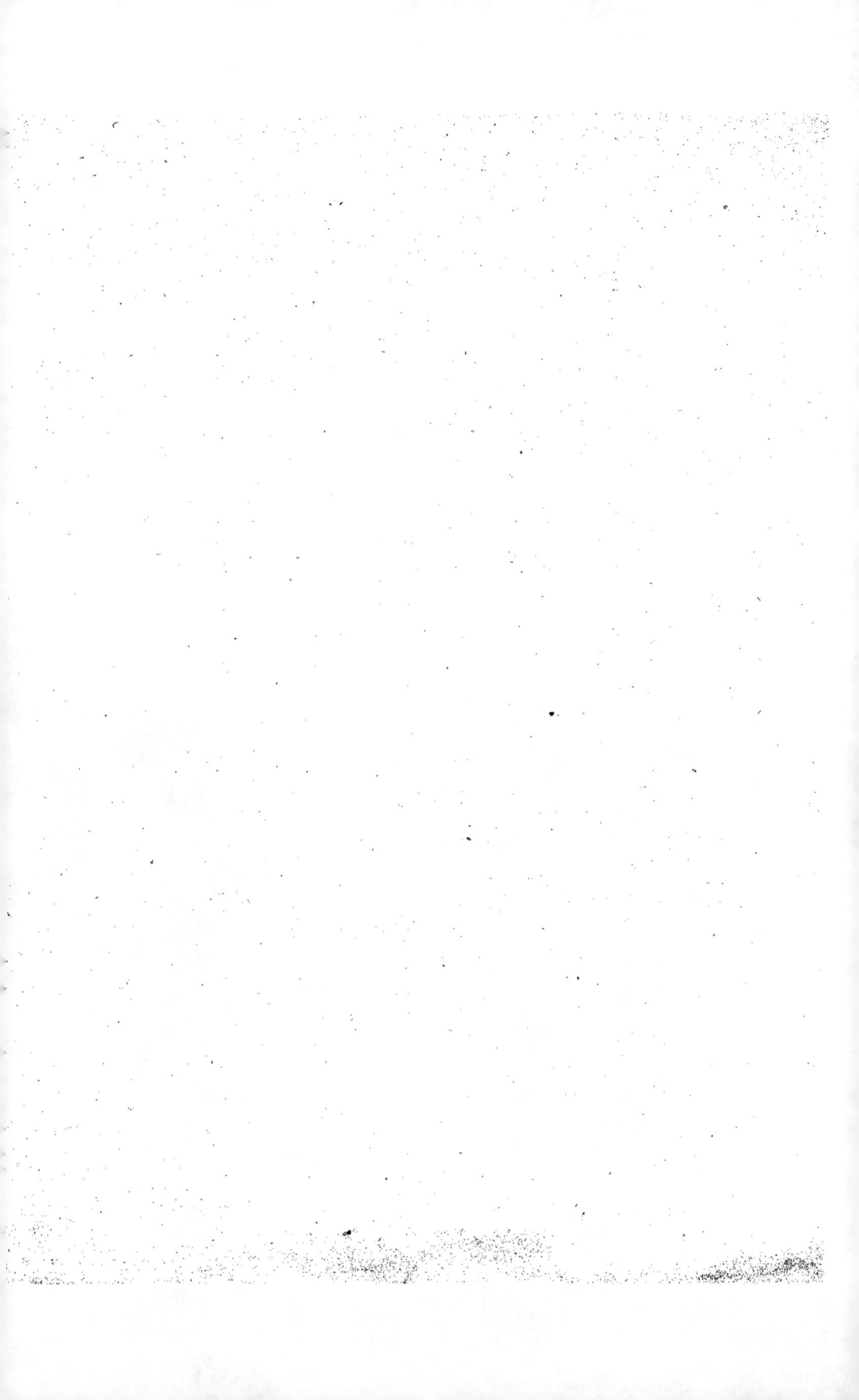

www.ingramcontent.com/pod-product-compliance
Lightning Source LLC
Chambersburg PA
CBHW060512210326
41520CB00015B/4197